MENDO SEM REMENDO

MENDO SEM REMENDO

F.M.M.

EDITORA
Labrador

Copyright © 2018 de F. M. M.
Todos os direitos desta edição reservados à Editora Labrador.

Coordenação editorial
Diana Szylit

Projeto gráfico, diagramação e capa
Felipe Rosa

Revisão
Bonie Santos
Deborah Sarah

Dados Internacionais de Catalogação na Publicação (CIP)
Andreia de Almeida CRB-8/7889

F. M. M.
   Mendo sem remendo / F. M. M. -- São Paulo : Labrador, 2018.
   90 p.

ISBN 978-85-87740-16-8

1. Poesias brasileiras I. Título

18-1579   CDD B869.1

Índice para catálogo sistemático:
1. Poesias brasileiras

EDITORA
Labrador

Editora Labrador
Diretor editorial: Daniel Pinsky
Rua Dr. José Elias, 520 – Alto da Lapa
05083-030 – São Paulo – SP
Telefone: +55 (11) 3641-7446
contato@editoralabrador.com.br
www.editoralabrador.com.br

A reprodução de qualquer parte desta obra é ilegal e configura uma apropriação indevida dos direitos intelectuais e patrimoniais do autor.

A editora não é responsável pelo conteúdo deste livro.
O autor conhece os fatos narrados, pelos quais é responsável, assim como se responsabiliza pelos juízos emitidos.

A quem me acolhe nesta ventura

**Viver é uma questão de
rasgar-se e remendar-se**

Guimarães Rosa,
Grande Sertão: Veredas

NÃO-INTRODUÇÃO

Por que não uma introdução,
Por que uma não-introdução,
Se a vida mesma chega é no arrebatar
Se mostrando de coisa grande no dar
E no querer, no desabrochar das horas,
mas também no tanto tomar,
No desfazer, no se perder?

E depois
Introdução a quê?
À saga da sorte?
À gente sem norte?
Ao que não se vê?
E para quê?

A palavra é como o beijo
Não se anuncia nem se apresenta
Se inicia não se termina
E se é finda
Nunca que começou

Por que uma introdução?
Quantas noites? Mil e uma?

Antes que o desejo possa acender
o lume difuso do outro em ser

Porque para viver
carece rasgar-se
muita vez
no após que for
e-mendºar-se
e no talvez
re-mendar-se
Mendo fez
arremendo de si
arremendossou-se
n
n d o
e   M
d M n o   e
arrebentou-se
que mais
em erres e bês
soçobrou-se
o que se sobrou, sobrou
por pouco demais
antes fora
quanto vale
o dito
no jeito
na forma
foi feito
foi direito

e foi bonito
rio bicho mato
no centro, o vento
e no vento, o mito
aqui se segue
o quase fim
sopro não soprado
sobrado sem sombra de sobras
bala de Rioba(l)do
atravessa
apressada
os gerais
certeira, precisa, letal
a vontade é que mata
o homem
é que

MENDO AO LIMITE

Corazón tenue, herido por los
ojos de las mujeres
García Lorca

Le lettere d'amore
quando c'è l'amore
per forza fanno ridere
Roberto Vecchioni & Álvaro de Campos

•·······························•

Hiroshima

Manhã
cedo
caminho
Hiroshima
outono
silêncio
de mártires
tento dizer
em vão
não pude,
Hiroshima
se lê em francês
mon amour

Hirrôshimá
como no filme
viver aqui
outra vida
tão outra
renascer
já não

passa
um cachorro gordo
dono magro
sábado
quantos sábados
fomos
um japonês
passante
volto
a minha já
tão minha rua
mas partirei
de tudo que é meu
partirei

sento
ao meio-fio
recordo os tankas
Takuboku
o punhado de areia
tua mão no meio
a sombra

da menina
que ninguém viu
de repente
na pedra
quente
silhueta
sem dimensão
um traço
tênue
um desenho
no chão
a menina
simulacro
na escada
na entrada
na casa
vestígio
do que era
no nada

crianças no parque
com frágeis tsurus
de papel
aprendi
com minha
gentil
senhora
japonesa

o museu
olhos e punhos
cerrados
fetos
fitas
fatos
rápido
a porta!

caminho
Hiroshima
piso
com cuidado
delicado
esse lugar
marcado
não de outono
nem de folhas
tombadas
de seres
apagados
arrancados
à terra
quanto tempo faz
ainda faz

Irás à lua

Que demoras?
Mas se vejo o tempo
curvar-se ao teu sorriso
as estradas paradas
a teus pés
e as flores a te invejarem
o perfume em que te dás
e que lua
não quer o teu tanto brilho?
que demoras?
mas se são tuas
todas as horas
se em ti nascem
os caminhos
e morrem os fins
se não há flores
nem luas
nem homens
se não os olhas?
e eu, de esperar-te,
construo novos instantes
menores que tua
sede em mim.
E quantas memórias
ficarão
quando te fores à lua?
Rocha, amando, estarás,
mas irás

e rondarás
as noites
e as tardes
e os dias
e rirás
com a lua
e cá embaixo
nada restará
on n'attend jamais trop une femme

Io rido con te

Que me has llamado?
Te necesito, poesía
Cántame villancicos,
tangos, boleros, lo que sea
no pares, no te calles
me muero sin tí
por mí?
he dicho sin tí, no por tí
me entiendes?
clarísimamente
sigue hablando
toda la noche si es necesario
no me dejes soñar
no lo puedo, ya lo sabes
me ahogaría
tengo que ahogarlos yo

a mis sueños
estos muñecos de alegría
nessun maggior dolore che ricordarsi
del tempo felice nella miseria
ti chiamerò così, Francesca
però non da Rimini
invece…
se tu fossi stata nata
questo è tantissimo grave
non l'avevo mai detto
quattro volte — mia colpa
lo sapevi anche tu, Boecio
"in omni adversitate fortunae
infelicissimum genus est infortunii
fuisse felicem"
L'Alighieri mi scrive una lettera…
Se piangi io piango con te
Se ridi io rido con te
Sócrates, se me visses agora,
e o que digo e o que faço

A mi lado

En Puerto Viejo
A veces me siento tan lento
caminando apurado
mis pasos no me llevan
a ninguna parte

nunca llego
caminando en la arena
de la playa
a un lado el mar gigante
al otro las montañas de arena
a mi lado
En esta playa veo
los leones marinos muertos
ya no irán, como yo,
a ninguna parte
igualito
pero a mi lado
siempre a mi ladito

Outro homem

Quando leio
sou mil homens
com mil olhos
os livros me chegaram
no momento exato
na ordem perfeita
outra ordem
e eu seria outro homem

Gabi

Conheci uma mulher
que não queria escrever
mas era poeta
havia lido Safo
mas pensava que
não existissem outras poetas
Gabi
Gabriela
Mistral
te veo siempre
en alas de ángeles
te escucho
imagino un mundo, tu mundo
gobernado por mujeres
y tú, su reina, majestad
de la poesía
y tú, más feroz que el miedo
más fuerte que los silencios
cobardes
Nos legaste un mundo, Gabi
Quisiera regalarme en él
como una espiga
como una flor
como una tarde lenta
como el pensador de Rodin
como las lunas plácidas
y las locas mujeres
Todas serán reinas

Llegarán todas al mar
que no han conocido jamás
Saudade de patrias, Gabi
tan añoradas
tan lloradas
tan segadas
Saudade de mis soledades
Adiós, Lucila!

BEIJORRADA

> *A Rafaela Silva, judoca, orgulho meu,*
> *orgulho maior do meu Brasil*
> *que não se cansa de apanhar*
> "A cada porrada que eu levo
> é como se fosse um beijo"

Porrada paca, Rafa
porra de quanta
na cara puta
de merda
dói
meu beijo dói
mas não mata
forte carne
barata
ontem
hoje ataca

jaguar no mato
mato e aconteço
reza Deus terço
filha da dor
que não mata
filha da luta
disputa
filha das gentes
insolente
olha vê intui
arrebata ao ser
a tua marca
vulnerant omnes
fere
viventes
posição
na raiz da raça
a largura
da alma
a feitura
no meio
do medo
da via de si
quente
rosto rente
golpe
O-soto-gari
Yoko-guruma
ponte
do ponto

ao presente
pisa chão
sujo sangrado
sorte
esmagada
sente
o gosto
da morte
tragada
gota a gota
engole
a pancada
comunhão
porrada
doce dócil
surrada

grita
apanha
arrebanha
arrebenta
explosão
braço abraço
longo evita
dentro de mim
a mesma voz
me chama
e me evita
negro branco índio
cristão ateu budista

vou
caminho
suave
jiu ... dou
Beijo
porrada
dou
sou
sou eu
a que apanha
a que arranha
e se assanha
sou eu, Brasil,
a tua puta manha
no fim da luta
quem ganha
sou eu
e a minha dor é tua
e o meu sorriso
e o meu beijo

Ilha minha quieta

Vivo numa ilha
A mais linda
do meu país
uma ilha silenciosa
onde todos falam baixinho

bem baixinho
de qualquer lugar
da minha ilha
se escuta o mar
de noite ou de dia
dizem ser o mais lindo
mar azul
ou verde
como os olhos lindos
da moça
que vejo da janela
da varanda
que traz o leite
de manhãzinha
É a moça do Goya
último quadro,
Mestre,
que viram teus olhos
cansados e desiludidos
quando viram aqueles olhos
da lechera de Burdeos?
Cuidando para que não se derramasse
o leite
sorrindo o suave sorriso
que vem dos sonhos
não vividos
não mortos
já se vai la lechera
de bicicleta
sem pressa

se eu soubesse
do seu sorriso
e pudesse
levá-lo
em vez do leite
e tomá-lo
em minhas noites
quando escuto o mar
que brinca qual criança
se eu pudesse
eu o pintava nas paredes
para nunca o perder
como os sonhos
não vividos
não mortos
que pintaste, mestre,
na tua negra morada?
tão negra e tão próxima
da tua Espanha
da tua lechera

Da varanda
vejo a estrada
que sobe, de terra
que desce
pro mar
De manhã
enquanto nasce o sol
eu me vejo
nessa estrada

pensando na poeira
que não se levanta
no vento
que hoje não sopra
no sol
que trará calor
demais
nos homens
que não passam
na praia vazia
aonde ninguém vai
caminhando
bem devagarinho
nem reto nem torto
vou indo
como quem não sai
e não vou pro mar
que talvez me espere
pra brincar
nem pra casa
sentar na varanda
e ler
e pensar na chuva
que virá
no fim da tarde
no cheiro
que a terra terá

Às vezes
me depara um vizinho

uma criatura
dando bom dia
falando do tempo
a quem respondo
como convém
e pronto se vai e vai
na direção do mar
que talvez o espere
para quê
não o sei

Agora venta
manso
que nesta ilha somos de paz
lembra das folhas mortas
que se ramassent à la pelle,
é, e as lembranças também
o mar apaga tudo?
mas não as vejo
as árvores descansam
no colo do vento quieto
e nem balançam
como em Itapuã

Rosas não há
nem pétalas ao chão
nem roseiras que choram
a ausência da flor
logo não há pequenos
príncipes

por cativar
mas há girassóis gigantes
imensos sóis
a que o sol, encantado,
obedece

De repente
um inseto
se aproxima
como se houvesse decidido
alado, irrequieto
não lhe custa
sobrevoar-me
e não me incomoda
por alguns instantes
seu voo insensato
me distrai
o vizinho que vi
já vem voltando
ao ver-me distraído
não me fala
faz um aceno
e de novo se vai
se vai
vai subindo a terra
da estrada
que leva
a algum lugar
mais em cima
no morro

onde se diz
que se esconde
um homem
que nunca
ninguém quis

Vejo minha sombra
que também
já despertou
e vem acompanhar-me
como todos os dias
quando há sol
enquanto sou
sombra amiga
pensar que um dia
comparei a ti
uma mulher
misteriosa
que eu não queria
que me seguia
de dia
e de noite
desaparecia

E tu não te lembras
como amaste
a sua sombra
que a seu lado
il tuo cuore piangeva
teu coração

de sombra
queria amar mais
e não podia
quando esse verbo
ainda se conjugava
a que te deu
um dia
um beijo brasileiro
um livro espanhol
um disco italiano
e todos, todos
falavam de amar

sombra amiga
que privilégio
tua companhia
me segues na estrada
nos bares
sem beber
sacode
nos meus carnavais
sem saber
bem
por quê
por que é que o riso
desfaz um mundo
e constrói outro
melhor?
gentes humanas
que riem

e que vivem
carnaval não é
nem nunca foi
ilusão
me perdoem os sambistas
tu, Cartolinha, não
porque sabias
que o mundo é um moinho
e que as rosas não falam
mas que roubam
qualquer perfume
de mulher amada
porque sabias
que no carnaval
a vida se vive
mais do que nunca
e nunca é quase sempre
quase quase
mas não sempre
mas os outros todos
sim
se puderem
que me perdoem
ilusão é viver
sem carnaval
Rabelais aqui, por favor,
não é certo, Bakhtin?
foi o que chegou mais perto
da alma do riso do povo

Amiga sombra
pensas nela
como cada instante foi
como exististe
e que pensavam?
que duas sombras
reunidas
fossem mais
do que dois?
que transcendiam
e rompiam
a prisão
do solipsismo?
que podiam
deixar de ser
uma
deixar de estar
debaixo dos caracóis
dos teus cabelos?

E o dia, amiga, lembra
que caíste
sem a mão que te apoiasse
naquele dia
tu pediste
que a outra
sombra
te deixasse
que já não te procurasse
que jamais se encontrariam

Capri, c'est fini
E tua sombra
tão doce
o mar nos olhos
te perguntou
se podia guardar
teu retrato
teu retrato
só o teu retrato
que te roubara
e era seu direito
mas tu
disseste não

Aqui, amiga sombra,
no bolso
guardei aquele
teu retrato
que brigou com o tempo
e lhe disse adeus
ah, estradinha linda
de minha linda ilha
de tão lindo nome
Pasargadinha

estradinha linda
como aceitas ainda
meus passos
incertos
herdeiros

do mar
que passam
sem querer

Vou-me embora
pra casa minha
no alto deste morro
onde faz calor e frio
onde faz noite e faz dia
onde leio e não leio
onde bebo e não bebo
onde sonho os meus sonhos
e mais mil sonhos
onde rio e não sei
onde lembro e não lembro
onde penso e esqueço
onde sou e quisera ser
onde vivo sem dizer
onde me mato a cada dia
pra renascer na noite
onde sou faca, ferro e foice
onde sou gente, bicho
e a própria noite

Pela estrada afora
eu vou caminhando
vou levar uns doces
para o lobo mau
mas o lobo
já não vem

e já não quer ninguém
nem as dores
seus mentores
se foram
o lobo já não é lobo
virou homem
e já não resiste
à boemia, aos versos
aos "amigos" do bar
à mão que insiste
em escrevinhar
sobre a floresta
que já não existe
sobre a sombra
que amou a sombra
de um lobo triste
o ex-lobo
que nunca foi lobo
e jamais será homem
tu, mão, volta
para de onde partiste

vou indo, vou indo
pela estrada vagarosa
como é veloz
esse mundo
que não vejo
da minha linda ilha
velozes homens
quiçá um dia

aprenderão
que no rápido
que vão
vai-se o tempo
e com ele
toda estação
casinha,
aqui me tens de regresso
egresso do largo
caminhar
ao sol, entre ventos
insetos, girassóis
e *mémoires*
regresso de lá de fora
lá onde ninguém mora
e onde só mora o mar
que brinca nesta ilha

Entre!
Por favor
eis a sala nua
só se vê o que se deve ver
o que quero que se veja
só se veem os quadros
as pinturas nas paredes
minhas "Meninas"
Minhas "Rondas noturnas"
Minhas "lecheras"
meus "gritos"
Meus "Cristos crucificados"

Meus "Girassóis"
Minhas "Vênus" a nascer
Minhas "Judites"
Meus "bares na Folies Bergère"
Meus "almoços sur l'herbe"
as paisagens de Villeneuve-la-Garenne
a praia de Trouville,
o hotel em Cambour,
a Paris impressionista
suas bailarinas
os verdes copos
absinto
sorver
a morte
com sorte
se vive
outro remorso

os quadros de minha vida
do Rio machucado e bonito
de livros lidos e relidos
de canções e batucadas
de um mar que foi meu
o nadador
de minha gente humilde
la ville de Thérèse
qui m'appelle toujours
mais Capri, c'est fini
je n'y reviendrai (plus) jamais
Car ici, dans mon île,

on vit en paix
on pense, on songe, on rêve
mais on vit en paix

Na sala, há dois móveis
uma cadeira
onde me sento
uma mesa
onde como
e meus quadros
onde há de tudo
sangue, faca, seios
ruas, casas, pedras
olhos, bocas, pernas
homens, mulheres, bichos
artistas, políticos,
certezas, esperanças, ilusões
amor, amizade, paixão
raiva, ódio, desilusão
gritos, música, canções
sussurros, poemas, mensagens
loucos, santos, místicos
tudo que fui
ou ainda o sou?
tudo que todos somos
nesta ilha
e lá fora

da sala, passo ao quarto
nem alcova

nem cela
um quartinho
aconchegante
apenas
um móvel só
um futon
onde durmo
da janela imensa
vêm-me o céu
e seus fótons em cores
me guardam as árvores
enquanto descansam
no colo do vento
e os girassóis
que brincam
de fazer girar o sol
vejo a estradinha poeirenta
sem folhas desabadas
sem pétalas nem rosas
e uns insetinhos voando
um homem passando
uma moça cantando

porém o mar, esse,
não me olha nem ondeia
o mar não me vê
de jeito algum
nunca
porque nesta ilha
as janelas, todas,

nunca dão pro mar
o que nunca se cala
e sempre se escuta
porque nesta linda ilha minha
do meu lindo país
ninguém olha para o mar
nem ninguém o vê
ninguém fala do mar
mas todos falam bem baixinho
para que o mar
sempre se escute
ele nunca se cala
nunca se cala
nunca se cala
pssssst

deito-me
e sem fechar os olhos
imagino o mar
paciente e aflito
ansioso e tranquilo
esperando
esperando
chamando
chamando
mas eu não vou não
outra vez não
e ninguém não vai não
porque uma vez
fui pro mar

mas essa história
conto depois
agora ninguém vai mais não
pro mar não
pro mar não
se vai não

Retorno à ilha

Preparado?
voltarei à minha ilha
onde o mar nunca se cansa
nunca se cala
onde só se fala
baixinho
para que o mar sempre
se escute
estou preparado sim
há algum tempo
para subir sozinho
a estradinha de terra
saudar um vizinho
sentar na varanda
e estar
estou preparado
para rever minha amiga sombra
conversaremos
falaremos do dia

dos girassóis imensos
que Van Gogh não poderia
imitar

Mas o que falta
pintar, talvez, os meus quadros
olhar um pouco mais
esse mundo absurdo
scrivere altre lettere d'amore
che facciano ridere
come le lettere
che non ha scritto F. Pessoa

Cada vez que retorno
de dentro
sou um Gulliver
Obcecado
no universo equivocado
que já não me pertence
as lembranças
da última viagem
são tantas
tão fortes
que não quero ver
o novo mundo
suas pessoas
suas vidas
só quero volver
volver
partir sempre

para sempre
mas sempre volto
mas um dia
não

O capitão

Atirei o mundo, sei,
no teu peito
um imenso mundo feito
besta sem nome
não o abraçaste
teus olhos fechados
nem viram o horizonte
tiveste medo
do naufrágio
velas, velas
timão a bombordo
capitão, aonde assim se vai?
aonde há corais
tormentas e monstros
aonde há mulheres
mais fortes que o mundo
para que eu lhes atire
ao peito
meu pequeno mundo

Capitu

Fiz-te um verso
mas não o entreguei
preparei-te um beijo
que não te dei
o beijo que não foi dado mais cedo
nem mais tarde
E tudo, tudo, Capitu,
só porque teus olhos
me olhavam
e tua mirada,
Capitu,
tua mirada me negava!

Sentimentais

Desesperança
sinto teu hálito
que te veio
da caixa de Epimeteu
onde tanto tempo
conviveste
com os males tantos
não fosse Pandora
que seria de ti?
qual o primeiro a sair
da mulher perfeita?

forjada no Olimpo
beleza de Atenas
música de Febo
angústia de homem
qual ficou?
filhos do fogo
do próprio Hipérion
fortaleza
prometeica
mil fígados
e não cederão
mil dores
e ainda irão
mas um só olhar
humilha
e humilhados
resignam-se ao Cáucaso
gemebundos
já não combatem medusas, esfinges
quimeras,
deuses caprichosos
centauros
serpentes aladas
gigantes de cem braços
de nove acres
choram
filhos do fogo
mortais
racionais
sentimentais

Mulheres

jugo
jogo
jogado
marcado
rei
destronado
dédalo descaminho
bacilino bastante
refinado
no meu quadro?
couro-livro
rasgado
metamorfoses ambulantes
amantes filosofantes
bacantes inebriantes
impertinentes
furiosas
airosas
indiferentes
poderosas
eloquentes
nuas
sensuais
parciais
claras
morenas
inseguras
lindas
lindas
lindas

Canción popular

[Refrán]
Anda, vete
hay un amor a esperar

y el sol y las estrellas
la noche y el mar
lleno de perlas
y yo que nunca fui tuyo
ni lo seré un día
y yo que no te quiero
no te puedo amar
pero te amaré locamente
tontamente
totalmente
y esta tierra con su sal
sus montes, sus llanos
sus secretos, su mal
[Refrán]
y la luna en silencio
las flores y el campo
los bordes del río
y el miedo y tu frío
los frutos elegidos
tus manos y brazos
y los instantes perdidos
[R]

y el sabor de mil bocas
las fiebres locas
y las otras
las pocas nieves
de las montañas
inmensas
muertas
y los cabellos frescos
en los flancos del mar
y los besos húmedos
o secos, los besos
los besos
del mucho amar
[R]

Violão

Violão, tua sede
teu bordão
a corda resiste
o dedo sangra
uma nota insiste
ela não se zanga
anda, baila, canta
harmonia
alegria
quem me guia
uma praia

um nome
na areia
poesia
poesia
esperança
de astros
chão de estrelas
o avesso
do apreço
um bemol
que não entendo
faço ritornello
in crescendo

TRE-MENDO

A Rosy
"Meu gás acabou"

protocolo
particular
restaurante
gaulesa
lenço
cabelo?
sorriso
apaga
luz
vivente
partente
biografia
hospital
leito
nossa flor
nossa rosa
nossa Rosy
foi
na França
ficou

nas paredes
feras
em frente
folhas
três invernos
e verões
primaveras
outonos
V de você
que me viu
V de vim
veni vidi ...
compavita
roué de coups
v
i
c
i
altas montanhas
dos cumes
escalar
o ar
frio
era forte
vi passar
a vida
era um fio
era frágil
um espectro
quantas horas

olhares
da vinda à ida
enfeitei o mundo
colar colares
onde o som parou
vi o voo
condor condor
cingida
nos ares
sonho
medo
do medonho

Donamarta

Allora, Donamarta
adesso puoi volare
è bello volare, non ti sembra?
sopra i monti
i colli
sopra l'infinito silenzio
del Leopardi
il sovrauman' pensiero
volare, volare
sopra la guerra
qui giù
e l'indifferenza
sopra le tristezze

dei tuoi paesani
Mi sorridevi sempre
ti debbo il cassetto della neve
della neve
mai più mai più
Addio, nonna.

Mosquito

Quando me coço
esqueço a tristeza
mato o mosquito
mas agradeço
pelo hiato
a felicidade não resiste
a uma dor de dente
e vossa tristeza cede
imediatamente
a qualquer picada
de mosquito
danado do mato
de Teresópolis
esse mosquito
jogava golf comigo
me dava bons conselhos
com os tacos
naquele então
eu só me conhecia

por Adão
o gramado verde, muito cuidado
os pés ligeiros
a seu lado
o jogo de dardos
o sorriso
talvez inocente
a piscina gelada
o olhar calado
a areia quente
o beijo nunca dado
Llansol
como sabias?!
uma casa, um cercado
o rio em frente, sem fonte, sem passo
a história se escreveu
quem foi?
Tu, ela ou eu?
Foi uma menina sapeca
não, foi um garoto quieto
até hoje só faz versos
imagina o universo, seu
aqui continuo ali
mudamos muito, Djodginho
mas seguimos ali
quantos carnavais?
Qual o meu nome?
Wagner, Fernando, Zé, Maria,
Guilherme, Katia Cristina
corta a Katia

Karen, Sonia
eu me chamo Alberto,
mas pode me chamar
Junior e Guilherme
Quando chegaste?
abri o primeiro baile
ao som da Máscara negra
onde escondo minh'alma
dos corpos
e das outras almas
tanto riso, tanta máscara
quanta alegria
e nem te beijei
mas teus olhos
atravessaram o metal
e sem saber me viram
mas eram tantos palhaços
como eu, no salão,
eu o palhaço
o que te abraça ainda
ao som de chariots of fire
mas não foi o arlequim?!
lembro da máscara
máscara maschera (ressoa)
não, era eu, o palhaço
das alegrias
mostra-me teus olhos
ah, ah, ah, para quê?
eu te conheço
no teu olhar

de onde vens
foram mais carnavais
que alegrias
que iam
e vinham
subiam, baixavam, dançavam
sambavam, voavam
quando queriam
uma grande fanfarra
meu corpo
uma banda
uma parte
a marcha
a máscara
a marca
a mais
amaste

Uma longa espera

É uma fonte, uma prece
uma pressa de ser
um dar, um ainda não ter
um grito, uma agonia
uma alegria
um só dia
uma longa noite
um fim

um meio
uma certeza
um ontem, um sempre
com certeza
uma estação
uma missão
um trem
que não parte
uma dor de dente
uma obra
de arte
uma vontade
uma veleidade
uma estrada
que não vem
uma oração
sem fim
uma cidade
sem esquinas
um sentimento
um documento
um quem-me-dera
uma esperança
uma longa espera

MENDO EM MODO DELTA

Em casa, peixe no azul da água
uma fa-bio-losa mescla de desamor, não-amor
     e foi-amor
Poetry-ready posso dizer
E digo, não-irmão, para que me escutes daí
     onde não és
Claro está que a dificuldade parou nos jotas
Y tan poco es, tan poco que no es ni jota
Pero ahí se paró, como lo quiso alguien
O español fica me cutucando, hehe,
Não provoca, coño de mierda
Coño, Venezuela, te amo
Mándenme el Ávila y el Centre Català
Amigos, que los extraño mucho
Te amo, Perú, carajo que te amo
Carajo que te lo grito
Porque no me dejas
No me dejes
No te vayas, Chabuca
Grande, Granda
Modo delta, entrei, perfeito, total
Global, universal, em cores
A la Pacha, a la Madame sadness

que has begun
Por que penso na Madame Satã?
Bem que tentei evitar, mas ela insistiu
Somos outcasts talvez
Ambos travestidos
Um na Lapa
O outro... sabe-se lá onde
Saiba quem puder
O outro se esconde
Em camadas e camadas e toneladas de
                verniz
Quem falou em déprime? Tá brincando,
                meu?
Aqui é kanashi mesmo pra valer
私は悲しいです
Sacou, pano de fundo?
Haha (quem for ler, é haha, não hehe como
                mais acima)
Falei com o Thompson
É, o Francis, o Francis
Quem mandou mandar o diacho do
                cachorro atrás de
                mim?!
faileth now even dream / The dreamer, and
                the lute the lutenist
Tá bem, faileth faileth now even life, even
                life, Franck!
Cadê o três caras, o cerbero sem cerebro
                (cerebro mesmo,
                em espanhol agora,

       fica melhor hehe —
       hehe agora, não haha
       — hahahahahahaha)
descerebrado
melhor ainda descorazonado
Who's to blame?
O cachorro não desiste nunca, Elenore
Elenore, tantas rimas em more
Seria tão more se fosse, se só fosse, Elenore
Não ficou nem mais nem more, só o mirror
Vazio que dá dó do mirror
E o coitado do therefore
Sem there nem for
Nem tesão nem conclusão
E, por último, no trasfondo do finfondo do
       cafunfim
O tal do terror
E sem Elenore
Nem pra trédi nos meus dreams
Lá vem eu de Yeats
É isso aí, William Butler
Sabe o Mesquita?
Parou em noventa e quatro, antes da Espanha,
       mas um pouco só
Foi tanta Espanha
Um país em dédalo de Madri a Barcelona a
      Sevilha a Taulentum
      a Salamanca a
      Collado Villalba a
      Aranjuez a Tui e

chega por que isso
é pr'algum depois
Eu falava do Mesquita e do dabliobê
Você vai entender quando for *old and grey
and full of sleep*
Quando vir a inefável Maud Gonne gone e
McBride
Por enquanto, please, just listen:
*But I, being poor, have only my dreams; I have
spread my dreams
under your feet;*
Tread softly because you tread on my dreams
Les mots, mais que os sonhos
Sou fera neles, muito fera
Yo el supremo
No, no dictador,
Sencillamente el supremo fraguador de mí
mismo
Hay que fraguarse, chamo
Así me enseñó el Roa
El instante, cada instante es tuyo, pero
tienes que
hacértelo
El supremo hablador
Yo con mis palabras, mis palabras con yo
No hay muro, tanque, hombre, cosa, bestia,
portón, estorbo, ni
siquiera mujer hay
Para yo con mis palabras, mis palabras con yo
Se caen todos y todas

Somos la espada de Musashi
五輪書 (gorin no sho)
Somos a vontade de tudo, a Wille
a Wille pra cima deles, chopinho
E sem Vorstellung dessa vez
As imagens caíram por terra
Viva os iconoclastas
Ninguém me segura
Ninguém nos segura, palavras, queridinhas,
                            fichutiquinhas
A gentchi vem do cochicho do nada
Fratello Aurimare sabe das coisas, fratello mio
Do nada porque a palavra é criadora
Se inté cochicho pode e se acha
A palavra então ... rá ... essa boia
manda que manda
a palavra pairou
primeiro e pariu
tudo que tinha de parir
depois parou
olhou em volta
e mandou tudo pra puta que pariu
Pra mesma puta que se llevó los poemas de
                              Bukowski
E que tinha tirado o Francis da sarjeta
Só pra depois desaparecer no grande mundo
Humilde serva da poesia
Aí pensei no Emile latino
da Elvira e do Emiliano,
nas suas putas

com o dedo apontado para o céu,
no seu último amor leviano,
na sua Rășinari, longe nos Cárpatos, na
                              minha,
longe em outra montanha
excesso de lucidez... dizem, talvez
mas quanta coragem
olhar de frente, bem de frente
pra vida, e a "catastrophe de la naissance",
pra morte e para sua própria decomposição,
sorrindo pra tentação de existir
leitura arriscada
é preciso ir fundo
sem tocar no fundo
raspar o niilismo, o agnosticismo
até conseguir encontrar uma alegria
alegria de ser mesmo
de se saber singular no Ser Uno
Emílio não o disse,
disfarçou muito bem
disfarçou até o amor

•..

Ninguém tá terminado
Aqui não
Aqui só se vai no se fazer
E isso é que é e é se ser
Grande João: veredas
Solidão a dois amores

Carnaval de Riobaldo
Diadorim no Bloco dos sós
O eu-sozinho nada pode
Sempre há um Hermógenes
E um novo redemoinho
Sempre um medo entre
Homem e vontade

Aqui não se fala de cristais
Nem de pedras e facas
Vidros ou ferros
Nem muito menos de sóis
E amores e luares
Entre noites e flores e pesares
No meio da solidão e dos mares
Curando estrelas e errando andares
Não, pra isso há os grandes poetas
Há poètes maudits
aqui tudo se cala
até o dia
que tem medo da noite calada
na grande Chartreuse
assusta, sim, o só silêncio
sutil sussurro
que o Sarah entendeu
La force du silence
mas carrega força e
valor de voz que se estabelece

valor do próprio julgador
perto, pertinho da intuição primitiva
pura atenção
na tensão do ato de ser
que quer se achegar
ao todo que é
fácil não
chão é muito
que ralar
nos degraus tênues e pequeninos
mas haja grandeza no querer
e quanta
fiquei,
randonneur, penseur, érmite
desaparecido entre pedras e neves e
                    montanhas

MENDO, O MENDAZ

Poesias em paralelo (a quê?)

Omnis homo mendax

Corpo que morre morrendo
Morre/morria (em) vivendo
Não se sabendo
Morre (ainda) sendo

Eu sem

a imortal
a indelével
a implacável
memória
das passadas vidas
que ainda não passaram
de todo por mim
e não passarão

a consciência exata
da incessante

série de consciências
a nostalgia da nostalgia perdida
a saudade das saudades que desapareceram

e
de repente
eu
imenso só
branco negro puro
insondável
inescrutável
indecifrável
eu tremendo
ardente candente
paciente
eu somente
eu sem ruas
sem árvores e sem avenidas
eu sem parques e piscinas
e sem areia e sem chão
eu sem paredes e sem quadros
eu sem sol, sem mar, sem seresta
e sem luar
eu, sem flor e sem som
eu, sem cor e sem tom
eu, de algum modo, de algum modo,
algum eu
eu sem mundo
eu sem acordo e sem previsão
eu, agudo, exato, preciso, nítido

límpido, cristalino
eu, espelho de mim
dourado, cortado, queimado
eu enormemente eu
eu sem ninguém
eu ... eu sem

Corro corro corro
não morro
não morro
socorro
eu diante de mim
fragmentos
eu daquela rua
eu de certos lábios
eu do sol clemente
eu do abraço na chuva
eu de nunca mais
eu de muitas
eu de outros eus

saudade, monstra, mostra-te
mostra-me
onde guardas tuas máscaras disformes
em que estranha oficina
constróis

com tão absoluta precisão
a escultura altaneira
dos meus idos
por que tuas mãos não cessam de obrar
de repetir
esse mesmo rosto
insubmisso?

Diálogo entre amigas

Num bar, no de sempre,
à tardinha,
um resto de sol
no horizonte
A primeira, semblante alegre,
sorri
A outra se senta, calada
como sói ser
Então, novidades?
A foicenta: nada nada, tudo na mesma
ando cansada, vulnerant omnes, você sabe,
eu sei, eu sei, ultima necat, responde-lhe
                      Soli
F: ontem estava ouvindo a Kiri
S: gosto muito dela
F: maravilhosa, quando ela canta,
meu mundo estremece
esquece-me tudo, compreendo essa

universal harmonia, compreendo
o que compreendeu Ele, a música, o gênio
o menino Mozart, pudesse eu o traria aqui
para escutá-la comigo
uma ariazinha que fosse
quisera olhá-lo nesse instante
ah, eu levo tanta gente nos braços
mas não trago ninguém de volta
não posso, você sabe
Soli: ah, nem me fale, nem me fale
e eu, que é que faço?
Sempre quis falar com o Wolfgang
mas ele não tinha tempo
mal consegui visitá-lo
lembro como se fosse hoje
ah, como quero lembrar
mas essa voz, que ocupa todo o espaço
domina as catedrais, as casas, as avenidas
Foicenta: voz maori, não?
S: humana, se se pode dizer,
mas conduz além do humano
F, suspirando: ah, a Kiri, não quisera
ser eu a levá-la
S: quem mais, minha amiga?
F: imagina uma audição, na plateia
Strauss, Wolfgang, Handel
S: essa gente precisa da solidão
da música
F: da solidão da poesia. O silêncio precisa
                       dessa voz

É, amiga, já quase tenho que ir. Que pena.
A música é a última alternativa
S: não diga, não diga
F: não direi a Capriccio, Capriccio, a
                              palavra...
S: ou a música? Son lo mismo
F: mas as palavras chegam ávidas de som
e a música não precisa delas
S: pero las palavras
F: olvídalo. Cantemos!
S: sim, cantemos, Madeline!

Today is a sad day
'cause I want it to be so
'cause I woke up and thought:
Oh what a sad day!

I looked through the window pane
and seeing the trees
as if dancing with the wind
I found them disgracefully awkward
and painfully distant
from Nijinski's Rose
Oh my insane ol' friend
Had I seen your unfeasible
spring, its primeval rites
How your boldness presaged times
coming very oh so very soon

The era of war and death and callousness
>							began.
It had to. It definitely had to.
Evil reclaimed its due in that surrealistic
>							optimistic
>							califragilistic Europe,
its senseless battlefields.
But evil wasn't satiated.
Malice, rancor, corrosiveness, unrefinement
were to emerge
to embitter
to debauch, to pervert, to stain
that human race
of which we're the sole remains
But this is a sad day I decreed
Why bother remembering or expounding
Let's trust Mr. Eksteins's masterful account
of our luxurious self-indulgence
We blade runners, hunting for a word
turned into flesh
craving for life and hope
We feast the wrong vocable, its idols
and flout the only miracle that counts
consenting to betray our own freedom
to participate in the real banquet
Years hence what kind of beings
will we have forged
in this realm of fear?
Loneliness
>	Pride
>		Emptiness

are the toll
and with these the very soul may forfeit
                              itself
So do not chase the ghost of sadness
No bells might ring for you
you, caminante, off-the-cuff replicant,
you are still a road warrior
you, remnant,
Pave your way to the sublime
through sublime deeds ' thoughts ' words
The sublime, nothing less than it
awaits you
You were designed for it
The strongest foundation of all
Look and see
the sea of love that abounds and
surrounds your self

Delta

Dindinha
Din
di
nha
Delta
jogada
nesse asilo
aonde nunca foste

longe de nós
de todos que quiseste
quantos já se foram
tanto passado
o marido que não tiveste
os filhos
que não geraste
os netos
que não existiram
não brincam ao teu redor
não lhes contas histórias
da tua vida
das tuas fantasias
de carnaval
foste tia, dindinha
tiveste-nos no colo
mas não nos tiveste
vinhas e logo partias
nos nossos aniversários
enrolar docinhos
depois cochilar
no sofá
da Maestro
o jornal aberto
sobre o rosto
sempre carinhosa
bem-humorada
paciente
mas o tempo é ansioso
sempre vem a hora

nem te visitei
nesse lugar dos vivos
mortos
que seria uma visita
na nossa parcela
diária de dor
e a lona queimava
no circo vagabundo
e o fogo ceifava
as peles dissolvidas
Niterói turvou-se ali
No picadeiro imundo
Em meio às cinzas
Dindinha
Tua mão se ergueu
Mas o horror
Nunca se esqueceu
Os docinhos, Dindinha,
Os docinhos

MENDO: SEVER AL OTARTER

El yo ...
O
La única palabra que vale la pena

Para mis amigos
del grupo de amigos de la poesía
Unesco, 2016

A cualquiera que quererme quiera,
si es que puede lograrlo

Me cuentan que la gente solía caminar feliz
Antes de que yo naciera.
Sí, antes, pero yo me intuí en el mundo
      en aras de una sublime contingencia
      Con pretensiones adonísticas
      Engalanado en inmortales laureles
      para las inmensas rutinas del ser

Sí,
Soy un Adonis hodierno
Con pretensiones agonísticas
La más linda escultura es el cuerpo mío

Erigido integralmente en cada jornada
Aguda y dolorosa labor
Le delineé como la postrera línea del
                desierto
    como las sonoras ondas de las olas de
           un receloso mar
A cada músculo le conferí una forma
            inmejorable
A cada contorno, un trazo insuperable

Sí, soy una viviente estatuaria
Modelada por la violencia salvaje
    de mil millones de golpes
Ya lo sabía Vallejo cuándo me anunciaba en
           alta voz
      Entre heridas y negros heraldos
      Entre agravios y blasfemias e injurias y
             denuestos y ultrajes

Mis pies sostienen un imponente templo
    en cuyas voces elevadas se
            encuentran
            océanos de espanto
Mis manos tocan las entrañas del cosmos
      y se asemejan a las montañas nevadas
      donde se demora embelesado el
          horizonte
      y se pierden las torrentes de hombres
Mis venas me devuelven la sangre del
          mundo

porque mi corazón abierto se vierte en
tantos ríos cuántos
son los miedos
ocultos en los propósitos de las
criaturas
Mi torso desnudo expone todos los deseos
para que nadie se olvide de la cara del
mal
Mi piel refleja los infinitos matices de la vida
Quisiera ser blanco
Quisiera ser negro
Quisiera ser indio
Soy bello, y ¡qué bello soy!
Lámina resplandeciente
Cristal incandescente
Concepto evanescente
Insostenible, irremediable
Serenamente incontestable
Hermosamente inexpresable

Símbolo y manantial
Poder e interioridad
Soledad e ideal
Inteligencia y vitalidad

El mismo personaje que acecha los objetos
lo soy
El sujeto consciente que se enfrenta al pétreo
determinismo
al insensible juego de los espejismos

    a la casi imperceptible trampa de
      la felicidad

¿Que no me creen? ¡Pues véanme!
¡Mírenme!
¡Tóquenme!
Soy psicológicamente consistente,
       coherente,
       congruente
Perfecto, sin defectos, sin carencias, sin
      taras
  sin lapsos, sin lagunas
A través de mí pasa el tiempo
   mientras permanezco en el eterno
      presente
Acción que se piensa
   movimiento que se contempla
   existencia que se fabrica entera
   en las sutiles angustias y en las
      radiantes alegrías
    del alma

No, no me conozco
Tampoco me averiguo
Ni siquiera me veo
Aunque me hago conociéndome
  y me conozco haciéndome

No puedo renunciarme
No puedo callarme

No puedo dejarme
No puedo detenerme
No puedo desunificarme
Avanzo en paralelo a mí mismo
Y por poco no me alcanzo
Sigo, prosigo, insisto, me reitero y no me repito

¡No! Que no se os antoje quererme.
No podríais finalmente
No me queráis, ¡jamás!
Es que no estoy para tales quereres
No vine a hacer cautivos
        sino a franquear esclavos
Los que sois pues
Veo a esto que llaman mujer, y le dicen
                preciosa,
... la grâce est plus belle que la beauté
Aunque fue otro francés el que afirmó
Que no son las más bellas
        las que inspiran las grandes pasiones
— Muchacha, garota, chama, ¡eh, guapa!
— Kuñatai porã

No, no me escucha
A los invisibles
No les escucha la gente normal
Absorta en sus normales afanes
Conocedora de la utilidad de las cosas
Preocupada por llegar muy pronto
                a su punto de partida
Dueña de cada instante

Desesperante por no desesperar
La vita comincia domani, domani, domani

Pero ¿qué me importan?
Sigo siendo apolíneo
Tallado en materia dinámica
Caro, carnis, latino
Mi latinidad es patente
Es un rito, un grito permanente
  Que me precede
  Que me sobrepasa
  Que me funda
En ella se entrelazan desdeñadas voluntades
  se entretejen postergados amores
  se entrecruzan las valientes horas
  cinceladas en memoria de mí

Pero ¡basta!
¡Basta de mí!
Les dejo con mis ojos
Porque tienen el color del tiempo
  que encamina mis pensamientos
  a las orillas de un lago embrujado
  ¿cómo pueden no mirarme?
  Mi lucidez es transparente
   más transparente que mi
    necesidad
  pero no, no soy el narciso enloquecido
  no me halago, no me busco, no me
    equivoco de amores

¿Cómo soportarán mi mirada?
¡Mortales!
¡Ímprobos!
Fui arrebatado a los cielos
Soy el revés del retrato del último Dios
La imagen que les resta
Soy el Yo, la palabra que persiste y reverbera
En el espejo de todas las humanas memorias.
Ya casi no tengo miedo
Y sin embargo

Mentes, Mendes?

Filho de Mendo
Atroz no agora
quem mentirá primeiro?
quem já mentiu
quiçá
chi lo sa
querubim
queremos outro rei
primum verum
primum fator

O plano feliz

As paredes da casa finalmente escutaram
E amanhã, antes que se faça dia,
me esmagarão
Ah ah serei ótimo
com uma dimensão a menos
abcissas e coordenadas,
quem precisa de um cérebro?
Terei que me inventar problemas
mas não saberei fazê-lo
pobre plano feliz
tuas achacadas lembranças me farão rir
mesmo sem existir
serei a perpendicular que te agride
e que tuas retas infinitas não alcançam
noventa graus de ex-mundo
270 graus de ignorância
E me esquecerás, enfim,
Distraída entre cubos,
esferas e cones

Grito

no entanto, meu grito foi mais forte
e mais alto e mais grave
e foi ouvido mais longe
Meu grito na noite úmida

Nunca chove aqui (em Lima)
mas eu vi tantas chuvas
vi os insetos, voando incertos
vi os homens — homens? — passando
Vi mulheres, insensatas, amando
E meu grito era mudo
Quem não escutou quando eu pintei
a sombra dos teus cabelos sobre o mar
tão eterno mar de Paracas?
Cachaça na danada
Melhor, pisco ... puro, de Ica
pisco para pintores perdidos
em qualquer noite de Barranco
no meio do olhar de quem ama
ama, lama, cama, chama, chama, chama
Para quem gritei, Emil Marie?
quando vencida a tentação de existir
só restaram as pedras secas de um
malecón muerto?
Emil, Emil, je te prie,
ne me laisse pas ici
tu l'as vu, Rimb,
il t'a parlé?
Vous êtes égaux, vous deux,
vous le savez, n'est-ce pas?
De uma queda fui ao chão
Minha santinha
onde estava a tua mão?
Indonoyoama okudê bokudauatê

À irmãzinha

Eu?
tenho toda a tortura
do mundo em mim
mãos que sangram
costas que queimam
lábios arrebentadinhos
cabeça estourada
como as bombas
que soltaram em mim
que semearam em mim
em minha gente morta
torturada em mim
tanto tapa no ouvido
bum bum pá pá
estoura de dor
me estouraram
para eu não repetir
os nomes
e as verdades
e os sonhos
do meu irmãozinho
Maninho, perdão, maninho
me quebraram os pés
me estraçalharam os joelhos
que sol, meu Deus, que sol
me queimou assim
na terra deserta da minha gente
perdão, irmãozinho,

por não lutar mais
por não falar mais
me arrancaram os dentes
me pegaram
me pregaram, maninho

•⋯⋯⋯⋯⋯⋯⋯⋯⋯⋯⋯⋯⋯⋯⋯⋯

queste lacrime
che i tuoi occhi
mi presentano
senza dubbio
cosa significano?

Te varreram, Zé poeira
traz força, mano, o que tem de ser
poeira foi quem me viu nascer
te limparam foi feio
quem me varre
depois de mim
é que veio
eu vou mas fico
entre mim e mim
não resta nada
e nem há fim
e nem um meio
Zé poeira, fomos amigos
sei de ti, mano, dos olhos
que tivestes
Ainda há a poesia

e cada verso, sabes,
é seu próprio mundo
Mundos quantos
queiras criarás
porém a vida
sempre te escapará
aonde se foi?
dirás sem ver
que nunca pôde estar
nem ser
cabeça segura
se a mão não se move
vai ter consigo
ainda em cima
da velha ponte
sobre il fiume
dourado
aquele filme
amarelado
me cansa agora
me sinto varrido
teu sério rosto
não me desmente
quanta gente pensou
que fosse amada
e despertou um dia
sob o sol
do meio-dia
sem sombra
com fome

inteligente, racional
elegante, benevolente
e a fome que te corrói?
se finges, mais te dói
se foges, fugir também destrói
abraça a fome, Zé
poeira se come